GOUVERNEMENT GÉNÉRAL DE L'ALGÉRIE

PROJET DE LOI

RELATIF A

L'IMMATRICULATION DE LA PROPRIÉTÉ FONCIÈRE EN ALGÉRIE

EXPOSÉ DES MOTIFS

TEXTE DU PROJET DE LOI

ALGER

VICTOR HEINTZ, IMPRIMEUR DU GOUVERNEMENT GÉNÉRAL

Rue d'Isly, 37 et Place Bugeaud

1907

PROJET DE LOI

RELATIF A

L'IMMATRICULATION DE LA PROPRIÉTÉ FONCIÈRE

EN ALGÉRIE

EXPOSÉ DES MOTIFS

De tout temps, l'agriculture a été la principale, on pourrait presque dire l'unique industrie des populations de l'Algérie. Dans l'antiquité, cette industrie avait atteint un haut degré de prospérité dont l'histoire nous a transmis le souvenir. De nos jours, c'est elle qui fait vivre l'immense majorité des indigènes, c'est elle qui offre le plus de chances de réussite aux européens qui viennent s'installer dans le pays, c'est elle enfin qui alimente pour la plus grande part le commerce de la colonie. Un intérêt supérieur s'attache donc à ce que cette branche de l'activité humaine soit favorisée en Algérie par tous les moyens qui s'offrent à nous.

Parmi ces moyens, l'un des plus efficaces réside incontestablement dans l'organisation d'un régime foncier approprié aux besoins essentiels du pays.

Il est indispensable, en effet, que la loi assure une sécurité absolue à la propriété immobilière : le sol n'est bien cultivé que par celui qui n'a pas à craindre d'en être dépouillé ; au contraire, les soins lui font défaut partout où la possession est précaire. La législation doit permettre, d'autre part, à la terre de changer facilement de propriétaire afin de se fixer plus vite dans les mains les plus capables de la féconder. Plus peut-être qu'en tout autre pays, cela est nécessaire en Algérie où il importe que tout nouveau colon puisse acquérir aisément les terres indispensables à son établissement. Enfin, l'agriculture, pour se développer, a besoin de crédit. L'exploitation du sol exige des sommes considérables. Or, aussi bien chez les colons que chez les indigènes, les capitaux sont rares. Pour améliorer leurs exploitations, supporter les mauvaises années, force leur est de recourir au crédit. Mais ce crédit ne peut être bienfaisant qu'à la condition de n'être pas trop onéreux et il le sera d'autant moins que la loi permettra de réaliser plus facilement le principal gage que l'agriculteur puisse offrir au capitaliste, la terre.

Asseoir la propriété sur des bases indiscutables, entourer sa transmission des plus grandes facilités et d'une sécurité complète, la transformer par l'organisation du crédit agricole en un puissant instrument de production, tels sont donc les résultats que doit s'efforcer d'atteindre la législation foncière en Algérie pour satisfaire aux intérêts du pays.

On peut dire que la recherche d'une organisation répondant à ces exigences a fait l'objet des préoccupations constantes du législateur depuis le jour où la France s'est définitivement installée en Algérie. Mais, malgré des expériences déjà nombreuses, malgré des efforts et des sacrifices considérables, il faut bien reconnaître que le problème ainsi posé n'est encore qu'imparfaitement résolu. Pour s'en convaincre, il suffit de jeter un regard sur la situation immobilière de la colonie.

I

Actuellement, sur neuf millions environ d'hectares détenus par les particuliers dans le Tell, c'est-à-dire dans la partie la plus peuplée de l'Algérie, un peu plus de trois millions sont soumis à la loi française, tandis que quatre millions sont demeurés sous l'empire de la loi musulmane (terrains *melk* ou de propriété privée) et deux millions sont encore régis par les coutumes locales (terrains *arch*, appelés *sabega* dans le département d'Oran, ou de propriété collective).

Les terrains *arch* sont en principe inaliénables. Ils ne sont détenus par les indigènes qu'à titre de jouissance; encore ce droit à la jouissance est-il subordonné à une possession ininterrompue et peut-il se perdre par la cessation de l'occupation effective.

Il est facile de se rendre compte combien un pareil régime est peu favorable à la mise en valeur du sol, soit par les indigènes, à cause de la précarité de leurs droits, soit par les européens auxquels ce sol n'est accessible qu'après l'accomplissement de certaines formalités.

Les terres *melk* peuvent, au contraire, être aliénées librement. Mais leur situation est si mal définie que leur acquisition présente encore des obstacles presque insurmontables.

D'une part, la loi musulmane ne prévoyant aucune mesure de publicité, toutes les transactions et mutations dont elles sont l'objet, toutes les charges qui les grèvent ont un caractère occulte. De plus, les titres arabes qui les concernent sont en général obscurs, imprécis et inapplicables sur le terrain. Enfin, l'inconvénient le plus grave que présente cette catégorie de terrains est de se trouver dans un état d'indivision dont notre régime immobilier ne peut donner aucune idée. Non seulement, en effet, le droit musulman admet à la succession un nombre considérable d'héritiers dont les quotes parts sont fixées d'après des règles compliquées, mais, lorsqu'une succession est ouverte, il est rare qu'elle soit liquidée immédiatement : aucun partage n'est effectué, des décès surviennent, des mutations s'opèrent et l'indivision atteint rapidement des proportions invraisemblables.

On conçoit que, dans de telles conditions, il est extrêmement difficile à l'acquéreur de connaître tous les ayants droit avec lesquels il doit traiter et plus difficile encore de s'entendre avec eux. Aussi, ne peut-il être certain, quelque précaution qu'il ait prise, de se trouver à l'abri de tout danger d'éviction.

C'est, sans aucun doute, à ces vices du régime de la propriété indigène autant qu'à l'insécurité qu'il faut attribuer, pour une large part, la décadence dans laquelle le pays est tombé à la suite de l'invasion arabe.

Mais, dira-t-on, si l'insuffisance d'un pareil régime est trop démontrée, la loi foncière française, en revanche, peut donner pleine satisfaction aux intérêts de la colonie. Cette idée a longtemps prévalu, et on a cru trouver dans le Code civil la solution du problème de l'organisation immobilière de l'Algérie. De coûteuses procédures avaient été organisées par les lois des 26 juillet 1873 et 28 avril 1887, en vue de soumettre tout le territoire algérien à la loi française. Et si ces opérations ont été abrogées par la loi du 16 février 1897, le principe qui les avait inspirées a survécu. Comme celles qui l'avaient précédées, cette dernière loi n'a, en effet, d'autre objet que la francisation de l'immeuble encore régi par le droit musulman ou les coutumes indigènes.

Il serait injuste de nier que la loi française a puissamment contribué à améliorer la situation immobilière de la colonie dans les territoires où elle a reçu son application. L'existence d'un titre formant le point de départ unique des droits réels, en limitant à la période écoulée depuis son établissement les recherches nécessaires pour déterminer l'origine de la propriété, a singulièrement accru la sécurité des transactions immobilières et ce résultat s'est traduit par une augmentation très sensible de la valeur vénale des terres. Mais cet avantage est loin de compenser les imperfections du système de la francisation.

D'abord, on peut reprocher aux lois édictées en vue de son application de n'avoir rien prévu pour assurer la conservation de leur œuvre. Si elles ont ordonné l'établissement d'un titre qui assure une sécurité absolue à son détenteur, elles n'ont point exigé de tenir ce titre au courant des modifications qui affecteraient l'état juridique des immeubles postérieurement à sa délivrance. Il en résulte que, par le fait des mutations et des transactions, ses énonciations cessent rapidement de correspondre à l'état de propriété. Cet inconvénient s'aggrave encore, pour les immeubles détenus par les indigènes, des complications de la loi successorale islamique dont il a été déjà parlé et de l'inobservation par ces derniers, dans les transmissions contractuelles, des formes prescrites par la loi française, notamment des formalités de transcription et d'inscription hypothécaire. Mais les indigènes se conformeraient-ils rigoureusement à toutes les prescriptions légales que les opérations immobilières, dans les territoires francisés, n'en présenteraient pas moins des aléas sérieux.

C'est qu'en effet, notre législation immobilière, telle qu'elle est organisée par le Code civil modifié par la loi du 23 mars 1855, ne laisse pas elle-même d'être défectueuse.

La première condition d'une bonne loi immobilière, c'est la publicité absolue de toutes les transactions. Toute personne devrait pouvoir se rendre compte rapidement et sûrement de la situation juridique d'un immeuble. Il s'en faut que les registres de nos conservations hypothécaires satisfassent à cette condition.

Au lieu d'être groupés dans un compte unique, pour chaque immeuble, les renseignements qu'ils contiennent sont inscrits au nom des propriétaires successifs : c'est ce que l'on exprime en disant que la publicité est personnelle et non réelle. Il en résulte que les recherches sont longues et délicates et peuvent donner lieu à des erreurs provenant de similitude ou de confusion dans la désignation des immeubles ou des propriétaires.

Ce n'est là, d'ailleurs, que le moindre inconvénient des registres hypothécaires. Leur vice fondamental est de ne point donner la situation réelle des immeubles.

D'une part, leurs énonciations ne constituent nullement la preuve du droit de propriété : celui-ci n'a d'autre fondement que l'acte par lequel il a été constitué. Tout leur effet utile est de rendre les droits enregistrés opposables au tiers qui ont traité avec le même auteur et d'établir un rang de priorité entre ces derniers.

D'autre part, ces énonciations sont toujours incomplètes. Un assez grand nombre d'opérations immobilières ne sont pas astreintes aux formalités hypothécaires et échappent à toute publicité. Tels sont notamment les mutations par décès, les partages, les privilèges, l'hypothèque légale. Cette lacune a pour effet d'exposer les créanciers hypothécaires à voir leur gage réduit ou même anéanti par la révélation des charges occultes.

A ces défauts de notre régime hypothécaire, viennent s'ajouter les entraves et les difficultés que le Code de procédure civile oppose à la réalisation du gage immobilier. Pénétrés de cette idée que la mobilisation du sol constitue un danger plutôt qu'un bienfait, les rédacteurs du Code civil ont accumulé les formalités qui doivent précéder la saisie immobilière. Le créancier hypothécaire ne peut entrer en possession de son gage qu'après une procédure extrêmement longue, qui peut même en certains cas ne jamais aboutir, et dont les frais, lorsqu'il s'agit de petites propriétés, absorbent quelquefois en totalité la valeur des immeubles.

Ces vices de notre système foncier multiplient les litiges immobiliers et contribuent puissamment à déprécier la valeur de la propriété. Aussi, et depuis longtemps, sont-ils dénoncés avec force par des juris-consultes et des économistes illustres comme une cause d'affaiblissement social. Mais si, en France, leur effet est vivement ressenti, il l'est bien plus encore en Algérie où la propriété est beaucoup moins bien assise. La nécessité de réformer la législation foncière de la colonie s'impose donc comme une des mesures les plus urgentes.

Dès l'année 1886, M. le Gouverneur général Tirman avait chargé une commission d'élaborer un projet de loi à cet effet. Frappée des avantages du système Torrens, cette commission jugea que seul un régime analogue pouvait donner pleinement satisfaction aux besoins et aux intérêts de la colonie et présenta un projet en conséquence.

On sait que le régime foncier connu sous le nom d'Act Torrens repose sur un double principe : 1° publicité complète de tous les droits réels ; 2° représentation légale de la propriété par un titre qui en est, en quelque sorte, l'équivalent juridique.

Dans ce système, chaque immeuble, préalablement purgé de tous droits ou charges occultes, fait l'objet d'un titre qui est enregistré ou, suivant l'expression consacrée, immatriculé sur un livre foncier et dont un double est remis au propriétaire. Du jour de l'immatriculation, l'immeuble ne peut plus être aliéné, grevé de droits réels, affecté hypothécairement, sans que cette opération soit inscrite à la fois sur le titre délivré au propriétaire et sur le registre foncier : à défaut de cette double inscription, la convention est nulle, non seulement vis-à-vis des tiers, mais même entre les contractants. Par contre, une foi absolue est due aux inscriptions régulièrement effectuées ; elles font preuve à l'égard de tous.

Les transactions peuvent ainsi s'opérer avec la plus entière sécurité : il suffit d'examiner le titre ou le registre pour traiter en toute confiance et se placer à à l'abri de toutes chances d'éviction. D'un autre côté, le propriétaire a en mains, avec son titre, une véritable valeur de circulation presque aussi facilement échangeable qu'une valeur mobilière et qui constitue un instrument de crédit des plus commodes.

Dans le projet élaboré d'après ces principes par la

commission de 1886, les facilités qu'offre aux prêts fonciers le régime Torrens se trouvaient augmentées ou complétées par un système de bons hypothécaires, transmissibles par voie d'endossement. La délivrance de ces bons pouvait être requise soit par le créancier hypothécaire, désireux de réaliser sa créance avant terme ou sans recourir à l'expropriation, soit par le propriétaire qui avait ainsi la faculté, en prenant hypothèque sur lui-même, de battre monnaie avec son immeuble.

Ce projet ne reçut pas de suite.

Préconisée à nouveau en 1893 par le rapporteur du budget de l'Algérie, M. Jonnart, l'idée d'introduire le le système Torrens en Algérie fut reprise par la commission sénatoriale d'études algériennes, et l'un de ses membres, M. Franck Chauveau, présenta à cet effet au Sénat, le 27 mai 1893, une proposition de loi qui constituait un véritable code de la propriété en Algérie. Mais dans la crainte qu'elle ne restât trop lontemps en discussion, on lui substitua un projet plus restreint, destiné à corriger les défectuosités les plus marquantes de la législation alors en vigueur, qui est devenu la loi du 16 février 1897. Toutefois, dès cette époque, le Parlement estimait qu'une loi organique s'imposait. Aussi, en 1899, les Délégations financières demandaient-elles la mise à l'étude de la question. Conformément à ce désir, une commission fut chargée, en 1901, de préparer un projet de loi en vue de la réforme du régime foncier de la colonie. Refondu par les Délégations financières, le travail de la commission a été adopté à l'unanimité, à la suite d'importants débats, par les deux assemblées algériennes dans leur session ordinaire de 1904. Ce projet a été déposé sur le bureau de la Chambre le 8 novembre 1905, mais n'a pu venir en discussion avant l'expiration de la dernière législature. Depuis lors, et à la suite de son examen par les ministères de la justice et des finances, il a subi une dernière revision de la part d'une nouvelle commission, qui l'a définitivement arrêté sur les bases suivantes.

II

L'objet essentiel de la réforme est l'institution de livres fonciers sur lesquels il est ouvert, pour chaque

immeuble, une sorte de compte indiquant tous les con
trats, droits et charges, de quelque nature qu'ils soient,
qui constituent son individualité juridique. Ces indications sont complétées par un plan déterminant la
consistance, l'étendue, les limites, en un mot, l'individualité physique de l'immeuble. L'ensemble de ces
renseignements forme le titre de propriété dont une
copie littérale et authentique est remise, sur sa demande,
au propriétaire.

L'immatriculation, c'est-à-dire l'inscription des immeubles sur les livres fonciers est facultative. Obligatoire, elle entraînerait des dépenses énormes que le
budget de la colonie ne pourrait supporter et risque-
rait, en allant contre la volonté des intéressés, de res-
ter sans effet. Il ne sera fait exception à cette règle que
dans les cas de vente ou de concession des terrains
domaniaux.

Une fois l'immeuble immatriculé, les règles du Code
civil lui seront applicables dans tout ce qu'elles n'ont
pas de contraire au nouveau régime. En ce qui concerne
les immeubles appartenant aux européens, ces dispositions ne peuvent soulever aucune difficulté. Mais,
pour ceux détenus par les indigènes, la question s'est
posée de savoir si leur transmission après décès s'opè-
rerait d'après la loi successorale française ou d'après
les règles fixées par le Coran. On s'est demandé si les
complications engendrées par le droit successoral musulman pouvaient se concilier avec l'esprit de clarté qui
constitue l'essence même du système Torrens. D'autre
part, l'attachement profond des indigènes pour leur
religion commandait les plus grands ménagements à
l'égard de leur statut successoral qui est d'origine cora-
nique. Après de longues discussions, les Assemblées
algériennes avaient pensé que les divers intérêts en
présence seraient sauvegardés en décidant que l'immeuble immatriculé au nom d'un indigène resterait soumis à la loi successorale musulmane, à moins de déclaration contraire de l'intéressé, tant qu'il ne passerait
pas aux mains d'un européen, mais que la loi française
lui serait définitivement et pour toujours applicable dès
que ce fait se produirait. Les membres indigènes des
Délégations et du Conseil supérieur avaient eux-
mêmes accepté cette combinaison.

Il ne semble pourtant ni indispensable, ni même
opportun de s'y arrêter définitivement. Convaincue

qu'il importe, dans l'intérêt des indigènes, d'écarter de la loi tout ce qui pourrait, en froissant même en apparence leurs sentiments religieux, les empêcher de participer aux bienfaits du nouveau régime, l'Administration estime qu'il est préférable de n'apporter, pour le moment, aucune restriction aux règles du statut successoral musulman ou kabyle, sauf à prescrire l'inscription, après chaque décès, des droits des héritiers, de manière que l'application de ces règles ne soit pas un obstacle au fonctionnement régulier de la nouvelle législation.

Il importe d'acclimater la nouvelle législation dans les milieux indigènes. Quand ils auront apprécié les bienfaits résultant de la certitude du titre de propriété et des facilités de crédit qui s'ensuivent, ils se montreront eux-mêmes disposés à admettre des modifications au statut successoral si l'expérience venait à les imposer. On assurera mieux le succès de la réforme en opérant prudemment et par étapes.

Dès à présent, on fait remarquer que le statut successoral n'est pas un dogme intangible, et qu'en pays musulmans des changements profonds y ont été apportés sans soulever les consciences des populations. On peut citer comme exemples, en Algérie, les coutumes kabyles qui vont jusqu'à l'exhérédation complète de la femme et les coutumes relatives à la transmission des terrains *arch*. En Turquie, la loi foncière du 17 moharrem 1824 (16 mai 1867) dispose que les enfants de l'un et l'autre sexe héritent des terres *miri* par portions égales alors que le droit musulman n'accorde à la fille que la moitié de la part du fils. C'est ainsi encore que la loi égyptienne sur les *wakoufs* admet pour cette catégorie de biens le partage par portions égales entre le fils et la fille, le frère et la sœur ; qu'elle admet dans certains cas la représentation, inconnue du droit musulman ; et qu'elle admet à la succession les descendants par les filles, alors que le droit primitif n'admet que les descendants par les fils.

L'immatriculation ne peut avoir lieu qu'après l'accomplissement d'une procédure destinée à purger l'immeuble de toutes les charges occultes qui le grèvent. Cette procédure est dirigée par un fonctionnaire responsable, le Conservateur de la propriété foncière. En cas de contestation, le titre n'est établi qu'après la décision d'une juridiction spéciale, la Chambre des immatriculations, composée de juges empruntés au personnel des Tribunaux de première instance.

Après son inscription sur le registre foncier, le titre forme le point de départ unique de la propriété, à l'exclusion de tous droits antérieurs. Ses énonciations ne peuvent être mises en discussion par qui que ce soit, ni sous quelque prétexte que ce soit. A partir de ce moment, tous les faits, toutes les conventions qui peuvent modifier la condition juridique de l'immeuble, mutations entre vifs et par décès, partages, constitutions d'hypothèques et de droits réels, etc., ne sont opposables aux tiers qu'à la condition d'être inscrits sur le livre foncier par le Conservateur de la propriété foncière. Les mêmes inscriptions doivent d'ailleurs être faites sur la copie délivrée au propriétaire.

Un tel régime n'est évidemment pas compatible avec les dispositions du Code civil constituant des modes occultes d'acquisition de doits réels. En conséquence, la prescription, les servitudes, les privilèges, sauf ceux des frais de justice faits pour la réalisation de l'immeuble et la distribution du prix, et les hypothèques légales et judiciaires ne sont pas applicables aux immeubles immatriculés. La loi n'admet plus que deux sortes d'hypothèques: l'hypothèque conventionnelle et l'hypothèque forcée résultant d'une décision rendue par la Chambre des immatriculations.

Il est facile de se rendre compte de la sécurité et des facilités que ces dispositions offrent aux transactions immobilières.

La purge iniatiale, qui fait table rase de tous les droits antérieurs non reconnus, donne à la propriété une base indiscutable. En ne reconnaissant d'autres droits que ceux mentionnés sur le titre, l'immatriculation permet à toute personne de connaître immédiatement la véritable situation de l'immeuble et de traiter en toute sécurité en vue de son acquisition.

D'autre part, l'obligation, sous peine de déchéance, d'inscrire tous les droits nouveaux qui viennent grever la propriété, postérieurement à la délivrance du titre, a pour effet de maintenir une constante conformité entre le titre et l'état juridique de l'immeuble. Ainsi se trouve évité l'écueil auquel n'ont point échappé les diverses législations foncières dont l'Algérie a été dotée jusqu'à ce jour : le nouveau régime assure par son propre fonctionnement la pérennité de son œuvre.

Mais là ne se bornent pas ses avantages : il se propose d'ouvrir au propriétaire foncier, dans des conditions favorables, le crédit qui seul donnera les moyens de faire rendre au sol tout ce qu'il peut produire. Ce résultat est obtenu par la création de bons ou cédules hypothécaires et l'institution d'une procédure destinée à permettre au créancier hypothécaire d'opérer rapidement et économiquement la réalisation de son gage. Tout créancier hypothécaire inscrit sur le livre foncier a la faculté de requérir du Conservateur, avec le consentement du propriétaire, la délivrance de bons hypothécaires transmissibles par voie d'endossement jusqu'à concurrence du montant de sa créance. D'autre part, les dispositions législatives qui régissent actuellement la procédure des saisies immobilières et des ventes judiciaires ne sont pas applicables aux immeubles immatriculés. Il sera procédé à ces ventes par la Chambre des immatriculations, dans des formes plus simples, plus rapides et surtout moins onéreuses, qui seront déterminées par un règlement d'administration publique.

Ces deux innovations tendent au même but : permettre au prêteur de rentrer aisément dans ses avances à toute époque. Grâce à elles, le capital se montrera moins exigeant et l'on aura fait un grand pas vers la suppression de l'usure.

La sévérité indispensable des déchéances prononcées contre tous ceux qui, tant au moment de l'immatriculation que postérieurement à cette opération, auront négligé de prendre les mesures conservatoires de leurs droits, a pour correctifs, d'une part, la création d'un fonds d'assurance pour la réparation du dommage et, d'autre part, des pénalités rigoureuses contre ceux qui ont obtenu dolosivement des inscriptions indues. Enfin, des peines sont également prévues contre ceux qui forment, au cours de la procédure d'immatriculation, des oppositions dans un but de vexation et de chantage.

Le projet ne pose, au surplus, que les principes du nouveau régime. Tout ce qui concerne les questions d'ordre secondaire et les détails d'exécution est renvoyé à un règlement d'administration publique.

Telles sont les dispositions essentielles de la charte immobilière dont on propose de doter l'Algérie.

Depuis plus de vingt ans qu'elle a été émise, l'idée

de l'introduction du système Torrens dans la Colonie est
devenue familière à l'opinion publique qui considère
cette mesure comme la solution vraie du problème de
l'organisation foncière en Algérie. Si, grâce aux facilités qu'elle offrira aux européens pour acquérir des
terres et se procurer les capitaux nécessaires à leur exploitation, cette législation paraît appelée à imprimer
un nouvel essor à la colonisation, elle sera aussi et surtout un puissant instrument de progrès pour les populations indigènes, car elle n'aura pas seulement pour effet
de donner de la plus-value à leurs terrains et de les
mettre à l'abri des entreprises des usuriers : en rendant
désormais impossible tout litige immobilier, elle les
libérera de la charge écrasante des procès que l'incer-
titude de la propriété leur impose journellement.

PROJET DE LOI

TITRE I

Dispositions générales

Article 1ʳ. — L'immatriculation d'un immeuble consiste dans la création d'un titre formant le point de départ unique de la propriété, et dans l'insertion de ce titre dans un registre foncier.

Article 2. — L'immatriculation est facultative. Exceptionnellement, l'immatriculation est obligatoire, dans tous les cas de vente ou de concession des terrains domaniaux. Dans ces cas, l'immatriculation sera opérée antérieurement à la vente ou à la concession.

Article 3. — Les règles du Code civil sur la distinction des biens meubles et immeubles, sur la transmission des droits réels et immobiliers et sur la dévolution successorale testamentaire ou *ab intestat* sont applicables aux immeubles immatriculés, en tout ce qu'elles n'ont pas de contraire à la présente loi.

Article 4. — Lorsqu'un indigène est propriétaire d'un immeuble immatriculé, cet immeuble est soumis au statut successoral musulman ou kabyle pour tout ce qui concerne l'ordre et le rang des héritiers, la détermination de leurs droits héréditaires, la validité et la forme des testaments et des legs, le quantum de la quotité disponible. Les indigènes propriétaires d'immeubles immatriculés peuvent constituer sur ces immeubles des habous aux termes du droit musulman, sauf application de l'article 17 § 1 de la loi du 16 juin 1851 et du décret du 30 octobre 1858.

Article 5. — Peuvent seuls requérir l'immatriculation :

1° Le propriétaire et le co-propriétaire ;

2° Les détenteurs des droits réels d'usufruit et d'emphytéose ;

3° Tout détenteur d'une terre dite collective de culture, arch ou sabega, et tout bénéficiaire d'une promesse de vente consentie par ce détenteur.

TITRE II

De l'immatriculation

CHAPITRE PREMIER

PROCÉDURE D'IMMATRICULATION

Article 6.— La personne qui requiert l'immatriculation adresse au Conservateur de la propriété foncière une requête en double exemplaire signée d'elle ou d'un mandataire muni d'une procuration spéciale. Un des exemplaires de la requête est immédiatement adressé par le Conservateur de la propriété foncière au Conservateur des hypothèques qui la transcrira le jour même sur le registre des transcriptions. La forme de cette requête, les indications qu'elle doit contenir, ainsi que les pièces à y annexer seront déterminées par le règlement d'administration publique prévu à l'article 117.

Le requérant est responsable vis-à-vis des tiers dans le cas où un droit réel connu de lui aurait été omis sur le titre de propriété faute d'indication utile de sa part.

Les tiers détenteurs de documents nécessaires à l'immatriculation sont tenus, sous peine de tous dommages intérêts, de les déposer entre les mains du Conservateur dans le mois qui suit la mise en demeure que ce dernier leur aura adressée.

Article 7.— Le requérant déposera en même temps, à titre de provision, entre les mains du Conservateur, une somme dont le chiffre sera fixé par ce dernier d'après les bases établies par un arrêté du Gouverneur Général.

Article 8.— Dans le plus bref délai possible après le dépôt de la requête, le Conservateur fait insérer au *Journal Officiel de l'Algérie* un extrait de la requête, et dans un journal de l'arrondissement de la situation des biens un avis sommaire, invitant les intéressés à se reporter pour les détails au *Journal Officiel*.

Cet extrait sera en outre publié par les soins du Juge de paix, du Maire ou de l'Administrateur, dans la forme et les délais fixés par le règlement d'administration publique prévu à l'article 117.

Article 9.— Le Conservateur de la propriété foncière établit, à l'aide des indications qu'il trouve dans les titres et les déclarations du requérant, la liste des propriétaires successifs de l'immeuble et la transmet au Conservateur des hypothèques de l'arrondissement où est situé l'immeuble. Ce dernier adresse alors, dans le plus bref délai possible, au Conservateur de la propriété foncière, une note sommaire indiquant les charges et droits réels subsistant à la date de sa délivrance sur l'immeuble, du chef du requérant et des précédents propriétaires.

Article 10. — Le Conservateur de la propriété foncière adresse aux personnes dont les noms sont révélés par cette note sommaire, au domicile élu par elles dans les inscriptions, un avis les invitant à intervenir à la procédure d'immatriculation, si elles le jugent utile, pour sauvegarder leurs droits. Il adresse un avis semblable aux titulaires de droits réels dont les droits n'auraient pas été rendus publics sur les registres hypothécaires, et qu'il a pu connaître par les déclarations du requérant ou par ses titres.

Article 11. — Le Conservateur de la propriété foncière établit la liste des personnes, mineurs, interdits

et femmes mariées, qui sont bénéficiaires d'hypothèques légales sur l'immeuble, et qui lui sont connues
par les déclarations du requérant ou par ses titres.
Il adresse ensuite aux femmes mariées, au subrogé
tuteur des mineurs ou interdits, aux mineurs devenus
majeurs, un avis les invitant à prendre hypothèque
légale et à la faire spécialiser par transformation en
hypothèque forcée. Cet avis est adressé au domicile
indiqué dans les titres ou par les déclarations du
requérant.

Article 12. — Dans les quarante-cinq jours qui
suivent l'insertion prescrite par l'article 8 au *Journal
Officiel*, un géomètre assermenté se rend sur les lieux
et procède au bornage de l'immeuble, en présence
du requérant, ou lui dûment appelé par avis admi-
nistratif, et des voisins sans s'arrêter aux protes-
tations et oppositions qui peuvent se produire et qui
sont consignées au procès-verbal. Les parcelles qui
font l'objet des revendications sont bornées séance
tenante.

La date fixée pour le bornage est portée à la connaissance du public au moins vingt jours à l'avance
par les mêmes procédés que la requête. Les voisins sont prévenus individuellement de cette date.

Il est procédé, s'il y a lieu, au lever du plan conformément au bornage.

Article 13. — Le Conservateur examine les pièces
et titres produits par le requérant et vérifie s'ils sont
conformes aux prétentions de ce dernier. Il établit la
liste et l'assiette des droits réels existant sur l'immeuble, et il arrête l'ordre dans lequel ils doivent
être inscrits sur le registre foncier, d'après le rang
de priorité qui leur appartient selon la législation en
vigueur au jour de la requête. Il veille enfin à ce
qu'aucun droit immobilier des incapables ou des personnes non présentes ne soit lésé.

En établissant la liste des droits réels existant sur
l'immeuble, le Conservateur inscrit, à titre d'hypothèques forcées soumises aux dispositions du titre IV de
la présente loi, les privilèges visés par l'article 2103
du Code civil, les hypothèques judiciaires et les hypothèques conventionnelles dont l'existence résulterait

de la note sommaire qui lui aura été transmise par le
Conservateur des hypothèques, et il détermine le
montant de la créance garantie par ces hypothèques
ainsi que la date à laquelle remonte cette créance.

Article 14. — Lorsque le bornage a été exécuté, et
que le Conservateur a arrêté la liste et l'assiette des
droits réels existant sur l'immeuble, le Conservateur,
après l'expiration du délai d'un mois à dater de la
clôture des opérations de bornage, rédige un procès-
verbal résumant les opérations et constatations effectuées. Ce procès-verbal indique, notamment, que
l'immeuble a été borné dans telles conditions,
énumère les droits réels qui pèsent sur lui et men-
tionne les noms des titulaires de ces droits. Une expédition de ce procès-verbal, accompagnée d'une copie
du plan, est adressée au Juge de Paix du canton, au
Maire ou à l'Administrateur de la commune où se
trouve l'immeuble ; et tous les intéressés peuvent
demander à en prendre connaissance dans le bureau
de ces fonctionnaires. Un avis est publié dans les
conditions indiquées par l'article 8 au *Journal officiel
de l'Algérie*, mentionnant la clôture de ce procès-
verbal et son envoi aux dits fonctionnaires.

Article 15. — A partir du jour de l'insertion au
Journal officiel de l'avis prescrit par l'article 8 jusqu'à
l'expiration du délai de deux mois à dater de l'insertion au *Journal officiel* de l'avis de clôture du procès-
verbal prescrit par l'article précédent, les oppositions
à l'immatriculation et les réclamations quelles qu'elles
soient contre les prétentions du requérant, contre le
bornage, ou contre les opérations du Conservateur
sont reçues par le Conservateur de la propriété foncière, le Maire ou l'Administrateur, ou l'autorité qui
en tient lieu, et mentionnées sur des registres spéciaux
tenus par ces fonctionnaires. Les tuteurs, représentants légaux, parents ou amis, le Procureur de la
République et le Conservateur de la propriété foncière
peuvent former directement opposition, au nom des
incapables ou non présents.

Article 16. — A l'expiration du délai fixé à l'article
précédent, les oppositions ou réclamations ne sont

plus reçues, et les personnes qui auraient pu les formuler sont définitivement déchues de leurs droits.

Article 17. — Les personnes qui sont titulaires d'hypothèques légales et celles qui sont bénéficiaires de privilèges généraux, ou leurs représentants légaux, doivent, pour conserver leurs droits, les déclarer au Conservateur de la propriété foncière. Ces déclarations sont faites par lettres adressées à ce fonctionnaire. Elles contiennent déclaration de l'hypothèque légale ou du privilège général, demande de spécialisation par transformation en hypothèques forcées, indication du montant de la créance à garantir et de la date de cette créance; il y sera joint toutes pièces justificatives utiles. Ces déclarations ne seront reçues par le Conservateur que jusqu'à l'expiration du délai indiqué à l'article 15. Passé ce moment, les droits de ces personnes sont purgés et leurs titulaires en sont définitivement déchus.

Article 18. — A l'expiration du délai imparti pour faire opposition par l'article 15, le Juge de paix et le Maire ou l'Administrateur envoient au Conservateur de la propriété foncière :

1° Les procès-verbaux et pièces relatifs aux oppositions portées devant eux ; sinon un certificat négatif ;

2° Les certificats constatant l'accomplissement des formalités d'affichage et de publication.

Article 19. — Après l'expiration du délai imparti par l'article 15 et la réception des pièces indiquées à l'article précédent, le Conservateur procède à l'immatriculation et à l'établissement du titre de propriété, conformément à l'article 33 ci-après, si aucune opposition ou réclamation n'a été formée, ou s'il en a été donné mainlevée, si la demande ne soulève aucune instance en partage, et s'il n'a point été fait de déclaration d'hypothèques légales ou de privilèges généraux.

Article 20. — Après l'immatriculation, le Conservateur annule, en apposant une griffe d'annulation et le timbre de la Conservation sur toutes les pages,

et annexe à ses archives les anciens titres de propriété
produits à l'appui de la réquisition d'immatriculation. Toutefois, si ces titres concernent, outre la propriété immatriculée, un immeuble distrait de cette
propriété, le Conservateur remet aux parties le titre
commun, après y avoir apposé une mention d'annu -
lation relative à l'immeuble immatriculé.

Article 21. — Si les justifications fournies par le
requérant lui paraissent insuffisantes, le Conservateur refuse l'immatriculation par décision motivée.
Le requérant peut appeler de cette décision devant la
Chambre des immatriculations par voie de requête
adressée au Président de la dite Chambre. Cette
requête pourra être présentée dans le délai d'un mois
à partir du jour de la notification de la décision du
Conservateur. La Chambre des immatriculations se
borne à trancher la difficulté pendante entre le Conservateur et le requérant suivant la procédure prévue
aux articles 24 à 31 ci-après, et à ordonner soit qu'il
sera passé outre à l'immatriculation, soit que le
requérant aura à produire telles justifications, soit
enfin que l'immatriculation sera refusée.

Articles 22. — Si des oppositions ou réclamations
non suivies de mainlevées ont été formées dans les
délais, ou si la demande soulève une instance en
partage, ou une question de spécialisation d'hypothèques légales ou de privilèges généraux, le Conservateur transmet au juge rapporteur de la Chambre
des immatriculations du lieu de la situation de l'immeuble, le dossier tout entier comprenant : 1° les
pièces relatives à la demande en immatriculation ;
2e les pièces relatives aux diverses oppositions et
réclamations ; 3° les pièces relatives aux instances
en partage ou en spécialisation, que le Conservateur
introduit par voie de requête adressée au Président de
la Chambre des immatriculations.

Article 23. — Le juge rapporteur met les opposants
en demeure de lui faire parvenir leur requête introductive d'instance dans un délai de quinze jours
augmenté du délai des distances. Si, dans ce délai, la
requête introductive d'instance n'est pas produite,

il déclare, par ordonnance, le réclamant déchu de ses droits.

La requête introductive d'instance doit contenir, indépendamment d'une élection de domicile au chef-lieu d'arrondissement, tous les moyens invoqués par le réclamant, et être accompagnée des pièces à l'appui, avec traduction s'il y a lieu. Le juge rapporteur invite toutes parties intéressées à en prendre connaissance au greffe du tribunal, sans déplacement, et à y répondre par écrit dans un délai déterminé.

Article 24. — Le juge rapporteur procède ensuite à l'instruction complète tant des instances en partage ou en spécialisation d'hypothèques que des diverses oppositions soulevées par la requête. Il peut ordonner, dans ce but, toutes mesures d'instruction qu'il estime utiles. S'il juge qu'une opposition présente un caractère téméraire ou vexatoire, et qu'une expertise ou toute autre mesure d'instruction soit nécessaire pour la vider, il dispose, dans son ordonnance, que les frais de cette mesure seront avancés par l'opposant dans un délai de huitaine. L'opposant qui n'aura pas fait l'avance des frais dans ledit délai peut être déclaré déchu de ses droits par décision de la Chambre des immatriculations.

Dans le cas où il y a lieu à partage, le juge rapporteur, sans être tenu de se conformer aux prescriptions du Code civil ou de la loi musulmane relative à la formation des lots et à la procédure de partage, se borne à faire cesser l'indivision entre les requérants et non opposants d'autre part. Il peut, au besoin, proposer l'attribution d'une soulte à l'un des groupes. S'il apparaît au juge rapporteur que le partage en nature avec ou sans soulte n'est pas commodément réalisable ou est contraire aux intérêts des parties, il propose la licitation.

Article 25. — Lorsque l'instruction a été terminée par le juge rapporteur, l'affaire est inscrite au rôle de la Chambre des immatriculations ; toutes les instances en partage ou spécialisation et les oppositions soulevées par la demande en immatriculation viennent en même temps.

Les parties sont averties, huit jours au moins à
l'avance, du jour où l'affaire viendra en séance
publique.

Article 26. — Lorsque l'affaire est appelée à l'au-
dience, le juge rapporteur fait son rapport. Les
parties présentent leurs observations verbales, soit
en personne, soit par mandataire, mais sur les points
seulement qui ont été développés dans les requêtes
ou mémoires.

Article 27. — La Chambre des immatriculations, si
elle le juge à propos, peut ordonner toute mesure
d'instruction complémentaire, par jugements avant
dire droit, qui ne peuvent être attaqués par aucune
voie de recours.

Article 28. — La Chambre des immatriculations
statue définitivement, par une décision unique, sur
les instances en partage et en spécialisation d'hypothèques légales, et sur toutes les oppositions relatives à la même demande, et fait rectifier le plan et le
bornage s'il y a lieu. Quand une licitation est reconnue
nécessaire, la Chambre des immatriculations ordonne
qu'il y sera procédé.

Lorsque l'immeuble dont l'immatriculation est demandée se trouve compris dans une instance en partage ou en licitatation introduite antérieurement à la
demande en immatriculation et portée à la connaissance du Conservateur dans le délai prévu à l'article
15, la Chambre des immatriculations est tenue de
surseoir jusqu'après la solution de l'instance en partage ou en licitation.

Il en sera de même dans le cas d'une procédure de
saisie immobilière commencée avant la demande
d'immatriculation.

Article 29. — La décision de la Chambre des immatriculations n'est susceptible ni d'opposition ni
d'appel, ni de pourvoi en cassation, mais seulement
de pourvoi en revison dans le délai de quinzaine
devant la Cour d'Alger, pour excès de pouvoir, in-
compétence ou violation de la loi. La Cour annule
alors les dispositions du jugement contraires à la loi ;

et évoquant, s'il y a lieu, applique les principes du droit aux faits tels qu'ils résultent du jugement attaqué, et statue définitivement. Cet arrêt n'est susceptible ni d'opposition ni de pourvoi en cassation.

Article 30. — La procédure pour toutes les affaires soulevées par les requêtes d'immatriculation, demandes en partage, spécialisations, oppositions, tant devant le juge rapporteur que devant la Chambre des immatriculations et la Cour, est absolument gratuite, sauf les frais d'expertise, et dispensée de droits de greffe, de timbre et d'enregistrement ; elle se fait toute entière administrativement, par les soins des magistrats et greffiers, sans ministère d'avoués ni d'huissiers. Les notifications à faire aux parties intéressées par les magistrats se font par l'intermédiaire des Maires et Administrateurs qui en exigent un récépissé et l'adressent à l'auteur de la notification ; les notifications à faire par les intéressés aux magistrats et greffiers peuvent se faire par lettre recommandée ; celles que les parties se font entre elles sont remises aux greffiers, qui procèdent par l'intermédiaire des Maires et Administrateurs.

Article 31. — Le greffier adresse au Conservateur une expédition conforme au jugement, et le Conservateur procède, s'il y a lieu, à l'immatriculation, en tenant compte des décisions rendues par la Chambre des immatriculations sur les instances en partage, spécialisation et opposition.

Article 32. — En ce qui concerne les immeubles de propriété collective, l'immatriculation sera opérée au vu d'une décision administrative rendue après une enquête dont les formes seront déterminées par le règlement d'administration publique prévu à l'article 117.

CHAPITRE II

Du Titre de propriété

Article 33. — L'immatriculation comporte l'établissement sur le registre foncier, par le Conservateur, d'un titre de propriété comprenant la description de l'immeuble, l'indication de sa contenance, des plantations et constructions qui s'y trouvent, l'inscription des droits réels existant sur l'immeuble au jour de la clôture du procès-verbal visé à l'article 14. Le plan est annexé au titre de propriété.

Chaque titre de propriété porte un numéro d'ordre.

Les titres de propriété sont établis sur un registre dont la forme est déterminée par arrêté du Gouverneur général.

Article 34. — Les erreurs matérielles ou omissions commises dans la rédaction du titre et l'établissement du plan pourront être rectifiées par décision de la Chambre des immatriculations dans les conditions qui seront fixées par le règlement d'administration publique.

Article 35. — Lorsque le titre de propriété est établi au nom d'un mineur ou de tout autre incapable, l'âge du mineur et la nature de l'incapacité sont indiqués sur le titre. Il en est de même pour les mentions indiquant l'existence de droits réels dont les titulaires sont des incapables.

Lorsque l'état de minorité ou d'incapacité a pris fin, le mineur devenu majeur ou l'incapable devenu capable peut obtenir la rectification de son titre.

Article 36. — Le propriétaire, à l'exclusion de tous autres, a droit à une copie exacte et complète du titre de propriété.

Les autres intéressés n'ont droit qu'à la délivrance de certificats d'inscriptions.

Article 37. — Le Conservateur doit certifier, toutes les fois qu'il en est requis, la conformité des copies du titre de propriété avec le titre inscrit au registre foncier.

Article 38. — Il doit également délivrer à tous ceux qui le requièrent des extraits ou états relatant les mentions ou inscriptions portées sur les registres fonciers et concernant les immeubles ou les droits immobiliers visés dans les réquisitions.

Article 39. — Dans le cas de la réunion de plusieurs immeubles immatriculés situés dans la même commune entre les mains d'un seul propriétaire, il pourra, sur sa demande, être procédé par le Conservateur à l'établissement d'un nouveau titre unique, avec plan annexé, remplaçant les divers titres relatifs à ces immeubles.

Article 40. — Lorsqu'un immeuble est divisé, soit par suite d'un démembrement, soit par suite d'un partage, il est procédé au bornage de chacun des lots. Un titre et un plan distincts sont établis pour chacune des divisions de l'immeuble.

Toutefois, en cas de distraction partielle, il n'est pas nécessaire d'établir un nouveau titre pour la partie de l'immeuble qui, ne faisant pas l'objet d'une transmission, reste en possession du propriétaire. Le titre déjà délivré et le plan qui y est joint peuvent être conservés après avoir été revêtus des mentions utiles.

CHAPITRE III

EFFETS DE L'IMMATRICULATION

Article 41. — L'immatriculation a pour effet de soumettre l'immeuble qui en est l'objet aux prescriptions de la présente loi. Les immeubles immatriculés ne peuvent plus être replacés sous l'empire du droit commun.

Article 42. — Le titre de propriété est définitif et inattaquable : il forme le point de départ unique de la propriété et de tous droits réels existant sur l'immeuble, à l'exclusion absolue de tous droits réels antérieurs.

Aucun droit réel, aucune cause de résolution ou de rescision du chef des propriétaires ou titulaires des droits réels antérieurs ne peuvent être opposés

aux personnes mentionnées sur le titre comme étant
les propriétaires ou titulaires des droits actuels, ni à
leurs ayants cause.

Article 43. — Les personnes dont les droits auraient
été lésés par suite d'une immatriculation ne peuvent
se pourvoir par voie d'action réelle, mais exclusive-
ment, en cas de dol ou de fraude, par voie d'action
personnelle en indemnité contre l'auteur responsable
du dommage.

Article 44. — A partir de la date de la clôture du
procès-verbal visé à l'article 14, il ne peut plus être
créé ou constitué de droits réels sur l'immeuble dont
l'immatriculation est requise que dans les formes et
sous les conditions déterminées par la présente loi.
En conséquence, à partir de ce moment, il ne pourra
plus être pris d'inscription d'hypothèque judiciaire,
et les personnes qui auraient pu bénéficier de privilèges ou d'hypothèques légales sous le régime anté-
rieur ne pourront exercer leurs droits et requérir
inscription que dans les conditions déterminées par
le nouveau régime pour les hypothèques forcées.

Article 45. — Si des faits ou conventions qui inté-
ressent l'immeuble, et qui, pour être opposables aux
tiers, doivent être inscrits ou mentionnés sur le registre foncier, se sont produits entre la date de
clôture du procès-verbal visé à l'artiele 14 et celle
de l'établissement du titre de propriété, les actes
constatant ces faits ou conventions devront être
établis conformément aux prescriptions de l'article
59 ci-après. Ces actes seront transmis au Conservateur de la propriété foncière, qui procèdera à
l'inscription des dits faits ou conventions conformément aux prescriptions des articles 60 et suivants,
mais seulement après avoir opéré l'inscription des
mentions relatives à l'immatriculation.

Dans ce cas, les mentions des droits antérieurs à
la clôture du procès-verbal jouiront seules de la
force probante définie aux articles 42 et 43, les inscriptions de droits postérieurs feront foi dans les
limites indiquées aux articles 48 à 51 ci-après.

Article 46. — Il ne pourra être procédé à des ven-

tes judiciaires devant la Chambre des immatriculations, conformément aux prescriptions du titre VII,
qu'après l'étalissement du titre de propriété sur le
registre foncier.

Lorsqu'il aura été formé, relativement à un
immeuble en cours d'immatriculation, une saisie
immobilière ou une demande de vente judiciaire, il
sera sursis à la procédure de vente jusqu'après l'établissement du titre de propriété ou le rejet de la
requête d'immatriculation. Dans le premier cas,
il sera procédé, après établissement du titre,
conformément aux prescriptions du titre VII de la
présente loi.

Article 47. — A partir de la transcription sur le
registre du Conservateur des hypothèques de la
requête tendant à l'immatriculation, aucun litige
concernant l'immeuble ne pourra être soumis aux
tribunaux ordinaires.

TITRE III

De la publicité des droits réels et de la force probante des registres fonciers

CHAPITRE PREMIER

DE L'INSCRIPTION

Article 48. — Tous faits, conventions, actes, jugements passés en force de chose jugée, ayant pour
effet de transmettre, déclarer, modifier ou éteindre
un droit réel immobilier, d'en changer le titulaire
ou de modifier toute autre condition de son existence, doivent, pour être opposables aux tiers, être
inscrits sur le titre de propriété de l'immeuble par
le Conservateur de la propriété foncière.

Article 49. — L'ordre de préférence entre les droits établis sur le même immeuble se détermine par la date des inscriptions.

Les inscriptions prises à la même date viennent suivant le rang qu'elles occupent au registre foncier, à moins qu'il ne soit mentionné expressément qu'elles doivent venir au même rang, sauf l'exception prévue à l'article 86.

Article 50. — Le défaut d'inscription des droits, charges et restrictions au droit de libre disposition résultant des faits, conventions, actes ou jugements visés par l'article 48 peut être opposé par toute personne y ayant intérêt, excepté toutefois par les parties et par leurs successeurs universels ou à titre universel.

Article 51. — Toute personne dont les droits auraient été lésés par une inscription peut demander la modification ou l'annulation de cette inscription. Cette modification et cette annulation ne peuvent être effectuées au cas où elles préjudicieraient aux tiers. On entend par tiers, les personnes qui ont traité sur la foi du livre foncier avec celle dont les droits étaient sujets à modification ou annulation.

Article 52. — Tout demandeur en annulation ou modification de l'inscription d'un droit immobilier peut faire mentionner sa demande sur le titre avant de la porter devant la Chambre des immatriculations. Cette prénotation devra être autorisée par ordonnance du président de la Chambre des immatriculations, sur requête, à charge de lui en référer. La validité des inscriptions ultérieures demeure subordonnée à la décision de la Chambre des immatriculations.

A défaut de prénotation, le jugement n'aura d'effet à l'égard des tiers que du jour où il aura reçu publicité par l'inscription.

Article 53. — La prescription ne peut faire acquérir aucun droit réel sur un immeuble immatriculé à l'encontre du propriétaire inscrit.

Les servitudes continues ou discontinues, apparentes ou non apparentes sur un immeuble immatriculé ne peuvent être établies que par titre.

Article 54. — Les mutations, par suite de décès, seront inscrites sur le livre foncier, dans le délai de quarante jours, à partir de la déclaration de décès de toute personne possédant des immeubles immatriculés.

Toute déclaration de décès indiquera, outre les nom, prénoms, qualités et domicile du défunt, les nom, prénoms, qualités et domicile de tous les héritiers du défunt, qui seront connus du déclarant.

Dans les dix jours qui suivront, copie de la déclaration précitée, sera adressée par l'officier de l'état civil au Conservateur de la propriété foncière, qui recherchera si la personne décédée possédait des immeubles immatriculés. En cas d'affirmative, le Conservateur adressera une lettre recommandée aux héritiers connus du défunt, pour les mettre en demeure de lui fournir, dans le délai de vingt jours, un acte de notoriété dressé par un notaire, s'il s'agit d'un européen, ou un acte de notoriété dressé par un cadi, s'il s'agit d'un musulman. Cet acte fera connaître les nom, prénoms, qualités et domicile des héritiers de la personne décédée. Sur le vu de cet acte, qui restera déposé à la Conservation, et dans les dix jours de sa réception, le Conservateur opérera la mutation de l'immeuble ou des immeubles immatriculés au nom des héritiers

Les héritiers qui ne produiront pas, dans le délai de 20 jours, l'acte de notoriété à eux demandé par le Conservateur encourront, chacun, une amende de deux cents francs, qui sera prononcée par le juge de paix.

Article 55. — Aucune cause de nullité, de rescision ou de résolution d'un contrat qui a fait l'objet d'une inscription n'est opposable aux tiers, à moins qu'elle n'ait fait l'objet d'une inscription spéciale ou qu'elle ne découle des clauses ou termes mêmes du contrat.

CHAPITRE II

PROCÉDURE DE L'INSCRIPTION

Article 56. — Toute personne intéressée peut, en produisant les pièces dont le dépôt est jugé nécessaire par le Conservateur, requérir de ce dernier l'inscription, la radiation, la réduction ou la rectification de l'inscription d'un droit réel immobilier.

Article 57. — Pour pouvoir être inscrit, tout droit réel doit être tenu directement du titulaire de l'inscription précédemment prise. En conséquence, dans le cas où un droit réel a fait l'objet de plusieurs mutations ou conventions successives, la dernière mutation ou convention ne peut être inscrite avant les précédentes.

Article 58 — Toute inscription au registre foncier s'opère au moyen d'énonciations sommaires, indiquant tous les faits et causes susceptibles d'influer sur la nature, l'efficacité et la durée des droits objets de l'inscription. Elle est datée et elle porte la signature du Conservateur, à peine de nullité.

Article 59 — Les actes présentés à l'appui d'une demande d'inscription peuvent être authentiques ou sous seing privé.

Les parties signataires des actes sous seing privé, à défaut de comparution devant le Conservateur, devront comparaître en personne, soit devant le juge de paix, soit devant le notaire, soit devant le maire ou l'administrateur du lieu où elles résident. Si les juge de paix, notaire, maire ou administrateur ne connaissent pas personnellement les contractants, ils devront faire certifier leur identité par deux témoins connus d'eux et connaissant eux-mêmes les parties. Mention de la comparution des parties et de leurs témoins sera portée sur les actes sous seing privé.

Article 60. — Toutes les fois qu'une inscription

est portée sur le titre de propriété, elle doit l'être en même temps sur la copie du titre de propriété qui a été délivrée par le Conservateur.

Article 61. — L'inscription destinée à constater un fait ou une stipulation qui suppose le consentement des parties ne peut être requise que sur la production de la copie ; à défaut de production, le Conservateur refuse l'inscription.

Dans tous les autres cas, le Conservateur fait l'inscription, la porte sur le titre de propriété, la notifie aux détenteurs des copies délivrées et jusqu'à ce que la concordance ait été établie entre le titre et les copies, il refuse toute nouvelle inscription prise de leur consentement.

Article 62. — Le Conservateur vérifie si les conditions exigées par la loi pour la régularité des actes présentés à l'inscription se trouvent réalisées. Il vérifie également si les parties sont capables et libres de disposer de leurs droits. S'il a des doutes sur ce point, il demande au requérant toutes justifications utiles.

Article 63. — Toute personne au nom de laquelle inscription est prise sur les registres fonciers doit faire élection de domicile au siège de la Conservation, faute de quoi, toutes les significations lui seront valablement faites au Parquet du Procureur de la République.

Article 64. — Il est enjoint aux notaires et aux cadis, à peine de cinquante francs d'amende et de dommages intérêts, s'il y a lieu, de réquérir dans le délai de 20 jours, inscription ou mention des droits résultant des actes reçus par eux relativement à des immeubles immatriculés.

Article 65. — Lorsqu'un acte sous seing privé constatant une transmission de propriété ou une constitution d'hypothèque ou de droit réel sur un immeuble immatriculé sera présenté à l'enregistrement, le receveur le transmettra, après enregistrement, au Conservateur de la propriété foncière à fin d'inscription.

Article 66. — Le Conservateur doit s'assurer, sous sa responsabilité, que les parties qui consentent la radiation sont capables et libres de disposer de leurs droits, que les pièces produites autorisent la radiation et que les énonciations au registre foncier n'y font point obstacle.

Article 67. — L'inscription, mention ou prénotation rayée, soit par l'effet d'une erreur, soit en vertu d'un acte ultérieurement annulé ou reconnu faux, soit en exécution d'un jugement ultérieurement rétracté ou cassé, ne revit pas de plein droit et doit être opérée de nouveau.

L'inscription rétablie ne produit d'effet qu'à la date de son rétablissement.

Article 68. — Hors les cas prévus par la loi, le Conservateur ne peut ni refuser, ni retarder une inscription, une mention, une prénotation, une radiation, réduction ou rectification d'inscription régulièrement demandée, la délivrance de la copie aux personnes qui y ont droit ou la délivrance à toute personne de certificats d'inscription, sous péine de dommages intérêts.

Article 69. — Toute erreur ou omission commise dans une inscription, mention ou prénotation, peut être rectifiée par le Conservateur sur la réquisition des intéressés. Le Conservateur peut, en outre, rectifier d'office sous sa responsabilité les irrégularités provenant de son chef.

TITRE IV

Du Régime hypothécaire

CHAPITRE PREMIER

DISPOSITIONS GÉNÉRALES

Article 70. — L'hypothèque sur les immeubles immatriculés est, soit conventionnelle, soit forcée.

Article 71. — Les hypothèques légales et judiciaires, telles qu'elles résultent des articles 1017, 2121, 2123 du Code civil et 490 du Code de commerce, ainsi que les privilèges sur les immeubles, tels qu'ils résultent des articles 2101 et 2103 du Code civil ne sont pas applicables aux immeubles immatriculés.

Toutefois, les frais de justice faits pour la réalisation de l'immeuble et la distribution du prix constituent des créances privilégiées sur les immeubles qui ne sont, conformément à l'article 2107 du Code civil et pour la conservation du droit de préférence, assujetties à aucune inscription.

Article 72. — L'hypothèque conventionnelle peut être constituée par acte notarié ou sous seing privé.

Article 73. — L'hypothèque forcée est celle qui est acquise en vertu d'une décision de la Chambre des immatriculations :

1° Par les mineurs et interdits sur les immeubles des tuteurs et de leurs cautions et, s'il y a lieu, par les personnes placées dans un établissement d'aliénés, sur les biens de leur administrateur provisoire, et par les mineurs pourvus d'un tuteur en vertu des lois relatives à la déchéance de la puissance paternelle sur les immeubles de leur tuteur.

2° Par la femme, sur les immeubles de son mari,

pour sa dot, ses droits matrimoniaux, l'indemnité des obligations de son mari dont elle est tenue et le remploi du prix de ses biens aliénés.

3° Par le vendeur, par l'échangiste, ou par les co-partageants, sur l'immeuble vendu, échangé ou partagé, quand il n'a pas été réservé d'hypothèques conventionnelles pour le paiement du prix ou de la soulte d'échange ou du partage.

En cas d'adjudication sur saisie immobilière, le jugement d'adjudication établit d'office l'hypothèque forcée au profit du débiteur saisi ou de ses ayants droit.

Le mari ou le tuteur pourra toujours être dispensé de l'hypothèque en constituant un gage mobilier ou une caution, lorsque cette substitution sera reconnue suffisante par une décision de la Chambre des immatriculations, ou en justifiant que ses immeubles non immatriculés soumis à l'hypothèque légale constituent une garantie suffisante.

On désigne également sous le nom d'hypothèques forcées toutes celles qui sont inscrites sur le registre foncier au cours de la procédure d'immatriculation dans les conditions visées par les articles 13, 22 et suivants.

CHAPITRE II

Hypothèque du mineur et de l'interdit

Article 74. — A l'ouverture de toute tutelle, soit pour cause de minorité, soit pour cause d'interdiction, le conseil de famille désigne, contradictoirement avec le tuteur, ceux des immeubles de ce dernier qui seront grevés d'hypothèques, et fixe la somme pour laquelle l'inscription sera prise.

Article 75. — Si, dans le cours de la tutelle, les garanties données par le tuteur se trouvent modifiées ou deviennent insuffisantes, le conseil de famille peut en exiger de nouvelles. Si elles sont devenues excessives, il peut les diminuer.

Article 76. — Dans tous les cas, la délibération du conseil est soumise à l'homologation de la Chambre des immatriculations et le droit à l'hypothèque résulte du jugement de ce tribunal.

Article 77. — Les mineurs et interdits n'ont droit à l'hypothèque forcée sur les biens immatriculés de leurs tuteurs situés en Algérie, que si leur loi personnelle leur donne droit à une hypothèque légale.

CHAPITRE III

Hypothèque de la femme mariée

Article 78. — S'il n'a pas été stipulé d'hypothèque dans le contrat de mariage ou en cas d'insuffisance des garanties déterminées par le contrat, la femme peut, dans le cours du mariage et en vertu d'un jugement de la Chambre des immatriculations, à défaut du consentement du mari, pour toutes les causes de recours qu'elle peut avoir contre lui à raison, soit des obligations par elle souscrites, soit d'aliénation de ses biens propres, ou de donations ou de successions auxquelles elle est appelée, requérir inscription d'une hypothèque forcée sur les immeubles de son mari. Le jugement, dans ce cas. détermine la somme pour laquelle l'inscription se fera.

Lorsque les garanties données sont devenues excessives, le mari peut en demander la diminution à la Chambre des immatriculations.

Article 79. — La femme ne peut réclamer l'inscription de l'hypothèque forcée que si une hypothèque lui est reconnue par sa loi personnelle.

CHAPITRE IV

De l'inscription et de la radiation des hypothèques

Article 80. — L'hypothèque sur les immeubles

immatriculés n'existe à l'égard des tiers et n'a rang
entre les créanciers que du jour de l'inscription,
dans la forme et de la manière prescrites par la
présente loi. Les inscriptions ont la même durée
que l'hypothèque et ne sont pas sujettes à renouvel-
lement.

Article 81. — L'inscription des hypothèques ne
peut avoir lieu que pour une somme déterminée et
sur des immeubles déterminés.

Si la créance est indéterminée, le chiffre en est
évalué par celui qui requiert l'inscription, sauf le
droit qui appartient au débiteur d'en obtenir la
réduction et de réclamer des dommages intérêts, s'il
y a lieu, devant la Chambre des immatriculations.

Article 82. — L'acceptation bénéficiaire ou la va-
cance de la succession du débiteur ne font pas obstacle à l'inscription des hypothèques valablement
acquises antérieurement. Les hypothèques valablement acquises sur le débiteur failli peuvent être uti-
lement inscrites jusqu'à ce qu'il ait été fait mention
du jugement déclaratif de faillite sur le registre foncier. L'inscription qui n'a pas été prise dans les
trente jours de l'acquisition du droit est inopérante
à l'égard de la masse des créanciers de la succession.

Article 83. — L'inscription de l'hypothèque du
mineur et de l'interdit sera prise dans le mois de la
décision de la Chambre des immatriculations, à la
diligence du greffier, sous peine d'une amende de
50 fr. qui sera recouvrée comme en matière d'enregistrement.

L'inscription pourra être également requise par le
tuteur, subrogé tuteur, par les parents, alliés, amis
ou créanciers des mineurs ou de l'interdit, par les
incapables eux-mêmes et par le Procureur de la
République.

Article 84. — La détermination et l'inscription de
l'hypothèque forcée de la femme pourront être
requises à toute époque, durant le mariage, et pen-
dant un an, à partir de sa dissolution, par la femme

ou ses ayants cause, dans les formes prévues par l'article 78.

Article 85.— Les inscriptions sont rayées soit en vertu du consentement du créancier, donné dans les formes indiquées à l'article 59, soit en vertu d'un jugement passé en force de chose jugée.

Article 86. — Les créanciers inscrits le même jour exercent en concurrence une hypothèque de la même date, sans distinction entre l'hypothèque du matin et celle du soir, quand même cette différence serait marquée par le Conservateur.

Article 87. — Dans le cas où la femme mariée peut céder son hypothèque ou y renoncer au profit d'un tiers, cette cession ou renonciation doit être faite par acte authentique.

Article 88. — La transmission des créances hypothécaires revêtues de la clause à ordre ou au porteur s'opère indépendamment de toute mention sur le registre foncier.

Article 89. — Il est loisible, néanmoins, à tout porteur d'en faire à ses frais la notification au Conservateur avec ou sans nouvelle élection de domicile. A compter de l'inscription de cette notification, aucune procédure intéressant l'immeuble ne peut être suivie sans que le cessionnaire déclaré y soit appelé.

A défaut de présentation du titre dans les quinze jours de son échéance, l'immeuble est affranchi de l'hypothèque dans les conditions de l'article 92 ci-après.

CHAPITRE V

DES BONS HYPOTHÉCAIRES

Article 90. — Tout créancier inscrit pourra, avec le consentement du propriétaire, requérir du Conservateur de la propriété foncière la délivrance de bons ou cédules hypothécaires transmissibles par voie d'endossement nominatif et à ordre, jusqu'à concurrence du montant de sa créance en principal. Ces bons seront inscrits dans leur ordre sur le livre foncier. Leur transmission n'est assujettie ni à l'inscription, ni aux formalités exigées par le Code civil pour la cession et le transport des créances.

Article 91. — Le porteur par voie d'endossement d'un bon ou d'une cédule hypothécaire pourra toujours faire mentionner à ses frais la cession qui lui a été consentie sur le registre hypothécaire.

A compter de cette mention, aucune procédure intéressant l'immeuble ne peut être suivie sans que le cessionnaire déclaré y soit appelé.

Article 92. — A défaut de présentation des bons hypothécaires dans les 15 jours de leur échéance, l'immeuble est affranchi par le dépôt à la Caisse des Dépôts et Consignations, sans formalité préalable, du principal et des intérêts garantis par l'inscription.

L'inscription est rayée au registre foncier sur la seule justification de ce dépôt.

TITRE V

Responsabilité du Conservateur

Article 93. — Le Conservateur est responsable du préjudice résultant :

1° De l'omission sur les registres des inscriptions régulièrement requises en ses bureaux ;

2° De l'omission, sur les copies, des inscriptions portées sur le titre ;

2° Du défaut de mention, savoir : sur les titres de propriété, des inscriptions affectant directement la propriété et, dans les états ou certificats, d'une ou plusieurs de ces inscriptions existantes, à moins qu'il ne se soit exactement conformé aux réquisitions des parties ou que le défaut de mention ne provienne de désignations insuffisantes qui ne pourraient lui être imputées.

Article 94. — L'immeuble à l'égard duquel le Conservateur aurait omis dans les copies dûment certifiées du titre de propriété ou dans les certificats, un ou plusieurs des droits inscrits qui devaient y figurer légalement, en demeure affranchi dans les mains du nouveau possesseur, sauf nouvelle responsabilité du Conservateur, s'il y a lieu.

Néanmoins, cette disposition ne préjudicie pas au droit des créanciers hypothécaires de se faire colloquer, suivant l'ordre qui leur appartient, tant que le prix n'a pas été payé par l'acquéreur ou tant que l'ordre ouvert entre les créanciers n'est pas définitif.

Article 95. — Le Conservateur est tenu de se conformer, dans l'exercice de ses fonctions, à toutes les dispositions de la présente loi, à peine d'une amende de 100 francs pour la première contravention.

En cas de récidive, l'amende sera doublée, le tout sans préjudice des dommages et intérêts des parties, lesquels seront payés avant l'amende.

Article 96. — Les mentions de dépôt sont faites sur les registres, de suite, sans aucun blanc ni interligne, à peine, contre le Conservateur, de 50 francs d'amende et de dommages intérêts des parties, payables aussi de préférence à l'amende.

TITRE VI

De la Chambre des Immatriculations

CHAPITRE PREMIER

ORGANISATION DE LA CHAMBRE DES IMMATRICULATIONS
ET DE LA JURIDICTION D'APPEL

Article 97. — La Chambre des immatriculations est composée de magistrats appartenant aux tribunaux de première instance ; elle est constituée conformément aux dispositions du règlement d'administration publique qui sera rendu en exécution de la présente loi.

Elle est chargée de trancher les contestations soulevées par les procédures d'immatriculation, par les réquisitions d'inscription, de faire procéder aux ventes en justice d'immeubles immatriculés, de trancher les contestations soulevées par ces ventes et par les opérations de distribution du prix ainsi que tous les litiges relatifs à l'application de la présente loi.

Article 98. — Les prescriptions du code de procédure civile et les autres lois sur la procédure civile actuellement en vigueur ne sont pas applicables aux procédures portées devant la Chambre des immatriculations.

Ces procédures se feront tout entières par les soins des magistrats et greffiers, sans ministère des avoués et huissiers. Les formes de procéder seront déterminées par les articles suivants de la présente loi et par le règlement d'administration publique.

Article 99. — Les affaires portées devant la Chambre des immatriculations sont instruites par un juge rapporteur dans les conditions prévues aux articles 23, 24 et 26.

Article 100. — Les décisions de la Chambre des immatriculations pour lesquelles la faculté d'appel n'aura pas été retirée par la présente loi seront déférées à la Chambre de la Cour d'Appel d'Alger chargée de statuer sur les pourvois en revision prévus à l'article 29 et suivant la même procédure.

CHAPITRE II

PROCÉDURE DEVANT LA CHAMBRE DES IMMATRICULATIONS ET DEVANT LA JURIDICTION D'APPEL

Article 101. — La procédure indiquée aux articles 22 à 31 et qui s'applique aux contestations soulevées par les demandes d'immatriculation et les demandes d'inscription est applicable à tous les autres litiges portés devant la Chambre des immatriculations sous réserve des dispositions ci-après concernant l'opposition, l'appel et le pourvoi en cassation.

Article 102. — Lorsque la décision de la Chambre des immatriculations a été rendue par défaut, le greffier notifie cette décision par voie administrative à la partie défaillante et un récépissé lui en est retourné. La notification doit contenir la reproduction du dispositif de la décision rendue.

Article 103. — L'opposition est recevable dans la quinzaine du jour de la notification de la décision rendue. Elle est formée par lettre recommandée adressée au greffier ou par déclaration verbale faite devant lui.

Article 104. — L'affaire qui revient sur opposition est instruite et jugée par la Chambre des immatriculations de la même manière que les affaires ordinaires.

Article 105. — L'appel des décisions de la Chambre des immatriculations est recevable dans les trente jours de la notification du jugement faite en conformité de l'article 102. Il est formé par lettre recommandée adressée au greffier de la Chambre des immatriculations ou par déclaration verbale faite devant lui.

Article 106. — La procédure d'appel devant la Cour s'effectue d'après les mêmes règles que la procédure devant la Chambre des immatriculations.

Le Conseiller rapporteur est investi, pour l'instruction de l'affaire, des pouvoirs du juge rapporteur.

Article 107. — L'opposition aux décisions de la Cour sera recevable dans les mêmes cas et de la même manière que l'opposition aux décisions de la Chambre des immatriculations.

Article 108.— Le pourvoi en cassation sera recevable dans les cas, dans les conditions et de la manière déterminée par les lois de procédure.

TITRE VII

De la saisie immobilière, de l'ordre, des autres ventes judiciaires et de la purge des hypothèques.

CHAPITRE PREMIER

DISPOSITIONS COMMUNES A TOUTES LES PROCÉDURES
QUI FONT L'OBJET DU PRÉSENT TITRE.

Article 109.— Les dispositions législatives qui régissent actuellement la procédure des saisies immobilières, des partages, des licitations, des autres ventes judiciaires, des purges des hypothèques et des ordres ne sont pas applicables aux immeubles immatriculés. Ces procédures seront effectuées devant la Chambre des immatriculations et, dans les cas où il y aura lieu à appel, devant la Cour, dans les conditions qui seront déterminées par un règlement d'administration publique.

Article 110.— Tout commandement de payer, à fin de saisie immobilière, pourra être signifié au Conservateur de la propriété foncière, qui l'inscrira sur le titre. A partir de cette signification, aucune inscription nouvelle ne pourra être prise sur l'immeuble au cours de l'instance en expropriation ou licitation.

CHAPITRE II

PROCÉDURE DE LA SAISIE IMMOBILIÈRE ET DE L'ORDRE

Article 111. — La vente forcée des immeubles immatriculés ne peut être poursuivie qu'en vertu d'un titre inscrit ou exécutoire, pour une dette certaine et liquide. Si la dette est en espèces non liquides, la poursuite est valable, mais l'adjudication ne pourra être faite qu'après la liquidation.

Article 112. — Les contestations survenues au cours d'une procédure d'ordre sont jugées à bref délai et en dernier ressort par la Chambre des immatriculations.

TITRE VIII

Du fonds d'assurance

Article 113. — Il est institué dans les conditions qui seront déterminées par le règlement d'administration publique, un fonds d'assurance destiné à indemniser celui qui se trouverait lésé par l'immatriculation d'un immeuble ou par l'inscription d'un droit réel.

Article 114. — Les demandes à fin d'indemnité seront portées devant la Chambre des immatriculations. Elles ne seront recevables contre le fonds d'assurance qu'autant que le demandeur aura discuté au préalable les auteurs directs du dommage.

TITRE IX

Pénalités

Article 115. — Seront punies d'une amende qui ne pourra excéder 100 francs les personnes qui, convoquées par le Conservateur ou le juge rapporteur, ne se seront pas rendues à cette convocation. Cette amende sera prononcée par la Chambre des immatriculations.

Article 116. — Ceux qui font immatriculer à leur profit un immeuble dont ils savent n'être pas propriétaires ou pratiquer à leur profit une inscription à laquelle ils savent n'avoir pas droit seront punis d'une peine de six mois à trois ans de prison et de 50 à 10,000 francs d'amende.

Ceux qui forment, au cours d'une immatriculation, des oppositions dans un but de vexation ou de chantage, alors qu'ils savent n'avoir aucun droit sur l'immeuble qui fait l'ojet de la demande, seront punis d'une peine de huit jours à trois mois de prison et de 16 à 500 francs d'amende. Cette peine pourra être prononcée par la Chambre des immatriculations chargée de statuer sur les oppositions soulevées par la demande. La Chambre des immatriculations pourra également statuer sur les dommages intérêts demandés par le requérant.

Les personnes ayant formé des pourvois en revision dans un but de vexation ou de chantage pourront également être condamnées à la peine de huit jours à trois mois de prison et à celle de 16 à 500 francs d'amende.

La création de bons hypothécaires fictifs par collusion entre propriétaire et créanciers s'entendant pour exagérer la valeur de la propriété hypothéquée sera punie, pour les personnes qui y auront participé, des peines portées à l'article 405 du Code pénal.

L'article 463 du Code pénal, ainsi que la loi de sursis, sont applicables aux peines prévues par le présent article et par l'article précédent.

Article 117. — Un règlement d'administration publique déterminera les conditions d'application de la présente loi.